# BIOGRAPHIE.

## LE

## Contre Amiral

# GALLOIS.

## TOULON.

Imprimerie de A. BAUME fils aîné,
Rue Royale, 50.

1840.

# BIOGRAPHIE.

## LE CONTRE-AMIRAL

# GALLOIS.

### AFFAIRE D'ANCONE.

Le contre-amiral GALLOIS, Thomas-Alexandre-Marie-Esprit-François-de-Paule, est né à Marseille le 5 avril 1783. Son père, Trésorier des Invalides de la Marine à Toulon, le destinait à la carrière administrative des ports.

Mais l'uniformité de cette position stérile n'offrait aucune sympathie à l'esprit aventureux et entreprenant du jeune Gallois, dont le caractère audacieux décelait déjà l'homme brave et de résolution.

Dès l'âge de 10 ans, en juillet 1793, il s'émancipa de la maison paternelle pour s'enrôler comme mousse à bord des bâtimens de guerre.

Embarqué sur l'aviso le *S<sup>t</sup>-Hilaire*, capitaine Lefay, il coopéra vaillamment aux nombreuses prises que ce navire fit sur l'ennemi, et la satisfaction qu'il en recueillit fut un puissant aiguillon pour rechercher de nouvelles aventures.

Passant bientôt par les divers grades subalternes, il se fit remarquer de ses chefs, et il obtint le brevet d'aspirant de deuxième classe le 4 juin 1798.

Employé en cette qualité sur la frégate le *Muiron*, sous les ordres de M. de Martinenq, il se distingua au glorieux combat d'*Algésiras* qui fut livré le 5 juillet 1801, par le vaillant amiral Linois, à la tête de 3 vaisseaux français et de cette frégate, contre 6 vaisseaux anglais ; ceux-ci furent mis en déroute et l'un d'eux, le vaisseau l'*Annibal* tomba au pouvoir de nos marins.

A côté du jeune Gallois, un autre aspirant Gauthier de Rigni, se battit aussi avec distinction ; l'un est devenu le héros de Navarin, comme l'autre celui d'Ancône ; tous les deux reçurent en récompense une arme d'honneur ainsi que le brevet d'aspirant de première classe.

Commandant en 1802, une canonnière sous le pavillon de l'amiral la Touche Tréville, Monsieur Gallois fit sur l'ennemi la capture de six bâtimens de commerce.

Sur le *Bucentaure*, vaisseau de l'escadre commandée par l'amiral Villeneuve, il fit partie de l'expédition dirigée le 29 mai 1805, pour la reprise de l'île du *Diamant*, dans les Antilles ; ce poste important était alors occupé par les Anglais, qui interceptaient toute communication, entre la côte et le Fort-Royal de la Martinique. L'aspirant Gallois, monte à l'assaut de ce fort au milieu du feu meurtrier de l'ennemi ; il y donne des preuves d'une ardeur et d'une bravoure peu communes ; à la tête de vingt-cinq combattans, il escalade la partie nord-ouest du *Diamant*, dont l'accès était reconnu impossible ; bien qu'entravé par des rochers taillés à pic et inaccessibles, et dominé par une foule d'artilleurs qui fesaient pleuvoir sur les assaillans une grêle de balles et de rochers, le jeune Gallois n'en fournit pas moins des marques d'un sang froid et d'un courage à toute épreuve ; c'est en cet instant périlleux , que son bras droit fut fracassé par une balle et sa cuisse gauche percée par une autre ; son nom fut mis à l'ordre du jour de l'armée.

Conduit à l'hôpital du Fort-Royal il voulut en sortir quelque temps après , quoique très souffrant encore de ses blessures , pour s'embarquer sur la frégate la *Topaze* : là , sous les ordres du contre-amiral Baudin qui la commandait , il prit part à un premier combat , puis à un second plus vaillant encore que ce bâtiment livra en 1805 , contre la frégate anglaise la *Blanche* : celle-ci tomba au pouvoir des Français après la lutte la plus opiniâtre ; Monsieur Gallois y reçut une nouvelle blessure.

Sa belle conduite dans ces affaires lui fit accorder le grade d'enseigne de vaisseau le 27 septembre 1807.

Embarqué en cette qualité sur la frégate la *Flore* , il prit une valeureuse part au terrible combat de *Lissa* , que le brave commandant Dubourdieu , animé du plus brillant courage , livra à l'abordage en mars 1811 , contre une flotte britannique , bien supérieure en forces à celle mise sous ses ordres ; cet intrépide marin y sacrifia volontairement sa vie pour la gloire de son arme et de son pavillon. Honorablement cité dans la relation de cette bataille , Monsieur Gallois , obtint le premier avril 1811 , la décoration de la Légion-d'Honneur , qui , sous l'Empereur , n'était que l'apanage des braves ou la récompense de services éminens rendus à l'État.

Peu de temps après Napoléon forma sa garde impériale maritime ; Monsieur Gallois fut choisi parmi l'élite de ses marins pour en faire partie , et il y fut appelé le 11 juillet 1811 , avec le grade de lieutenant de vaisseau.

A ce titre , il fit la mémorable campagne de Russie , en s'associant à toutes ses gloires comme à ses désastres.

Sous la restauration , cet officier fut nommé Chevalier

de Saint-Louis , le 12 août 1818 , il languit pourtant assez long-temps dans le grade de lieutenant de vaisseau sans avoir aucune mission d'activité ; il profita de cet intervalle de repos pour perfectionner son éducation qu'il n'avait pu soigner au temps de son jeune âge , passé à bord des bâtimens de l'État. Doué d'une rare intelligence et d'un esprit naturel fort supérieur , il acquit facilement le mérite de l'homme versé dans la connaissance de la littérature , de l'histoire et des langues. Cultivant l'art d'écrire , son style devint pur et élégant , son élocution facile , brillante et éloquente même.

Enfin , la réputation et les beaux services de cet officier distingué ne pouvant demeurer plus long-temps dans l'oubli , il fut promu au grade de capitaine de frégate en 1823.

Appelé ensuite au commandement successif des gabarres la *Coquille* et *l'Arriège* , il remplit convenablement les missions qui lui furent confiées.

Dans la campagne que fit ce dernier bâtiment dans les mers du Sud , il se trouva engagé et en état de perdition en doublant le *Cap Horn* , mais grâce à un admirable sang-froid , et d'habiles manœuvres , son capitaine fut assez heureux pour sauver ce navire et son équipage d'un affreux désastre.

Rentré au port de Brest , il fut attaché au commandement des équipages de ligne. Cette utile institution créée au temps de l'Empire et qui avait disparu avec lui , fut plus tard rétablie par le gouvernement de la restauration. Le capitaine Gallois contribua à la réorganisation de ce corps de la marine en donnant des preuves d'une capacité et d'une activité remarquables.

En 1828 , le ministère s'occupait d'une promotion de capitaines de vaisseau ; Monsieur Gallois fit valoir ses titres et ses services pour y être compris ; sa réclamation fut pourtant éconduite. Blessé de cette disgrâce , il écrivit au ministère ces

paroles remarquables : « Je sais bien qu'une controverse avec
« vous ne me réussira pas , mais il faut bien que je soutienne
« ma demande dût-on *me ramener aux carrières.*

« Il faut pardonner à l'insecte que l'on foule , de se redres-
« ser et permettre que *ce moi* odieux reparaisse quelquefois
« dans l'exposé de mes services.

« Je n'ai pas servi comme tout le monde , Monseigneur ,
« et il suffit d'ouvrir mon dossier pour vous en convaincre.
« Mon âge m'a permis d'assister à presque toutes les affaires
« de la guerre passée et de pouvoir servir encore avec avan-
« tage ; mais pourtant il faut que je me presse si je veux at-
« teindre une situation qui me permette de faire quelque
« chose de *brillant et d'utile.*

« Si je dois végéter encore long-temps dans le grade que
« j'occupe et voir passer devant moi des officiers nés d'hier ,
« qui n'ont rien fait pour la gloire , à laquelle j'ai sacrifié
« toute ma vie , accordez-moi la retraite que je demande et
« j'irai solliciter une épée chez quelque nation qui n'aura
« pas l'injustice d'oublier si vite qu'on a versé son sang pour
« elle et dont les Ministres seront moins prompts à punir les
« fautes et moins lents à récompenser les services. »

Tel fut le grave langage de cette ame indépendante et fière ;
heureusement que cette hardie remontrance s'adressait à un
ministre qui , jaloux de la prospérité de la marine, appréciait
le noble sang qui avait coulé pour sa gloire ; aussi au lieu de
vulgairement briser la vaillante épée de Monsieur Gallois ,
Monsieur HYDE DE NEUVILLE le fit élever au grade de capitaine de vaisseau.

Appelé au commandement de la frégate la *Bellone* , il fut
en janvier 1830 , provisoirement chargé en chef du blocus
de la régence d'Alger ; il eut sous ses ordres ce bâtiment
qu'il montait, la frégate la *Duchesse de Berry* , la corvette

l'*Écho* et le brick le *Voltigeur* : il remplit pendant quelques mois cette mission à la satisfaction de ses supérieurs.

Toujours commandant la *Bellone*, il fit partie de l'escadre qui, sous les ordres de l'amiral Duperré, fit le bombardement d'Alger ; lors de la belle conquête de cette régence, le capitaine Gallois se plaça sous les fortifications de *Pescados*, à une portée de mousquet ; la première de ces batteries se rendit au premier feu, elle fut évacuée ; la deuxième tint assez long-temps, mais l'artillerie de la *Bellone* fit un feu si bien nourri contre elle à moins de 200 toises de distance qu'elle finit par se soumettre ; alors le capitaine Gallois parcourut toute la ligne des fortifications à une demi portée de canon au milieu de toutes sortes de projectiles qui tombaient sur son navire, mais qui, chose miraculeuse, ne brisèrent que deux cordages sans blesser aucun homme de l'équipage. Ces forts ayant amené leur pavillon, Monsieur Gallois eut l'honneur d'y faire arborer le drapeau de la France.

Peu d'instans après la prise d'Alger, l'amiral Duperré se hâta d'expédier le capitaine Gallois devant la place de Bône, pour l'assiéger et la soumettre à nos armes ; il eut le commandement d'une division composée des frégates la *Bellone*, la *Duchesse de Berry*, et des corvettes l'*Écho* et l'*Arythie*. Dès l'apparition de ces voiles, les habitans de cette ville apprenant le sort d'Alger, ne tardèrent pas à faire leur soumission à la France. Il fit la remise de cette nouvelle conquête à M. l'amiral de Rosamel, commandant en second de l'escadre d'Alger.

Après la conquête de cette régence, la frégate *la Bellone* rentra au port de Toulon, en septembre 1830 ; là, son équipage qui venait de se montrer si brave et discipliné en présence de l'ennemi, céda à l'entraînement des cris de joie et de liberté qu'alors fesait entendre l'émeute populaire née de la révolution de juillet. On le vit se livrer à tous les écarts de l'insubordination et de la révolte ; après avoir abandonné son bâtiment , cet équipage réclamait à grands cris son licenciement ; les autorités supérieures furent impuissantes pour le faire rentrer dans le devoir ; ces marins égarés par de perfides suggestions s'étaient réunis sur le Champ-de-Bataille , méconnaissant la voix et les ordres de leurs chefs , lorsque l'intrépide Gallois n'hésite pas , au milieu de ce rassemblement dangereux , de se présenter seul en face des révoltés ; il les harangue militairement , il exhorte les plus paisibles à la soumission et il déploie envers les plus mutins une énergie redoutable ; tous ces hommes intimidés par l'audacieuse résolution de leur brave capitaine se rendirent à discrétion en retournant paisiblement à leur bord. Il fit triompher ainsi l'ordre et la discipline militaire sur le débordement d'une multitude sans frein.

Le ministre de la marine cédant aux idées et aux nécessités de cette époque ordonna plus tard le désarmement de *la Bellone* et le licenciement de ses marins. M. Gallois privé de ce commandement, demeura quelque temps dans un état d'inactivité ; on le vit garder une ligne de convenance et de réserve qui lui paraissait commandée par des circonstances délicates.

Le 26 avril 1831 , il fut nommé officier de la Légion-d'Honneur; en janvier 1832 , il fut appelé au commandement de l'*Arthémise*. Dans les premiers jours du mois de février suivant, on plaça sous ses ordres outre cette frégate de 56 canons, le vaisseau le *Suffren* de 100 , la frégate la *Victoire* de 44 et le brick l'*Eclipse*: on embarqua à la hâte sur ces bâtimens le 66e régiment de ligne , commandé par le brave colonel Combe , qui a glorieusement péri au siège de Constantine. Cette division fit bientôt voile sur Ancône ; en ordonnant cette expédition le gouvernement français paraissait n'avoir le dessin que d'appuyer par une démonstration militaire, les négociations de son ambassadeur près le St-Siège , pour obtenir des troupes autrichiennes l'évacuation des légations romaines qu'elles venaient d'occuper dans des vues politiques.

Le commandant Gallois, avait reçu la mission de se présenter devant Ancône, et d'entrer en communication avec un envoyé de l'ambassadeur français pour y recevoir des ordres ultérieurs touchant le débarquement des troupes ; dans le cas contraire ces militaires devaient être transportés à Oran, où après les avoir laissé, les bâtimens se hâteraient de retourner à Toulon.

Cette division ne tarde pas de se montrer devant Ancône, elle y jette l'ancre le 17 février 1832, cependant aucun député de notre diplomatie ne se présente à Monsieur Gallois ; alors la tête de ce commandant s'exalte, son imagination s'enflamme aux souvenirs de la grandeur romaine et des belles victoires de notre armée d'Italie ; il ne peut croire que son gouvernement l'ait envoyé devant Ancône avec une division importante et des troupes de débarquement sans qu'il dût en surgir un événement militaire quelconque ; enfin prenant sur lui la responsabilité de l'extension de sa mission, il forme la résolution hardie de tenter un coup de main sur Ancône. Il arrête le plan de débarquer les soldats et les marins pendant la nuit, d'enfoncer les portes de cette place à coup de hache, d'en escalader les murs et de surprendre les postes qui la gardaient avec les chefs qui devaient la défendre.

Cette audacieuse entreprise fut exécutée avec cette énergie et cette bravoure qui ont porté si haut la gloire du nom français.

Elle présentait pourtant de bien graves dangers.

En effet, la ville d'Ancône est entourée de murailles dont les portes sont fermées pendant la nuit ; elle est défendue par un môle garni d'une batterie qui protège l'entrée du port et par une haute forteresse ceinte d'un double rempart hérissé de 36 pièces de canon ; six cents hommes disciplinés et bien approvisionnés formaient la garnison de la citadelle ; cette ville , dont la population est de 28,000 ames , était d'ailleurs gardée par une nombreuse milice.

Certes , il fallait être bien téméraire pour oser prendre d'un coup de main une position aussi formidable. Eh bien ! cinq ou six cents français électrisés par le bouillant courage du capitaine Gallois , et du colonel Combe , ont hasardé cette tentative sans canons et sans l'aide d'aucuns des moyens d'attaque pour assiéger une place forte de ce renom.

Le 22 février au soir le commandant de l'expédition ordonna les dispositions pour la mise à la mer des embarcations et le transport à terre de deux compagnies du 66ᵉ régiment , et de l'équipage du vaisseau le *Suffren* ; les chaloupes et les canots furent armés en guerre et des échelles et munitions furent préparés pour l'assaut. Les frégates l'*Arthémise* et la *Victoire* se rapprochèrent le plus possible des quais pour appuyer l'attaque ; c'est à deux et trois heures après minuit qu'eut lieu le débarquement des troupes et des marins , l'escalade des remparts , l'enfoncement des portes , le désarmenent des postes et de plus la surprise dans leur lit du gouverneur de la place et du légat sans que le sommeil des habitants en fut nullement troublé ; tout cala s'opéra héroïquement d'un seul trait et comme par enchantement. La population à son réveil croyait être dans les illusions d'un songe en voyant l'étendart tricolore flotter au lieu de l'oriflamme papale et les troupes françaises manœuvrer à la place de la milice pontificale.

Il n'est pas sans intérêt pour l'histoire de retracer les instructions que Monsieur Gallois avait donné à ce sujet au colonel Combe , le 22 février 1832.

« Le gouvernement français ayant pris la détermination
« de s'emparer de la ville d'Ancône , et m'ayant confié le
« commandement supérieur de cette expédition , je dois as-
« sumer toute la responsabilité des actes de vigueur que

« vous jugerez être nécessaires pour amener à bien nôtre
« entreprise ; en conséquence j'ai l'honneur de vous prévenir
« que les troupes qui sont sous votre commandement ainsi
« que les marins qui sont sous les ordres de M. le capitaine de
« vaisseau Kerdrain , s'empareront d'Ancône par des moyens
« d'accommodemens ; mais si cette voie ne promettait pas
« des résultats satisfaisans , il faudrait alors employer les
« moyens militaires qui ont été mis à notre disposition.

« En supposant que le succès couronnât nos efforts , ce
« dont je ne doute pas , vous feriez relever par des trou-
« pes françaises les différens postes de la ville gardés par
« les soldats des états de l'église , et les hommes qui par
« leur résistance auraient mérité d'être faits prisonnies seront
« déposés pour le moment dans un local commode et sûr sous
« la responsabilité d'un de vos officiers.

« Si vous jugiez de l'intérêt de nos armes de vous em-
« parer de la personne de Monsieur le délégué de Sa Sainteté
« vous le feriez avec tous les égards dûs à son caractère.

« J'ai aussi à vous recommander , Monsieur le colonel ,
« la plus grande sévérité envers ceux qui se permettraient
« des excès de quelque genre que ce soit.

« Cette ville d'Ancône ne renferme que des amis de notre
« gouvernement , et il est toujours des soldats et des marins
« qui ont quelque penchant au désordre qu'il faut réprimer.

« Dans toutes les circonstances que je n'aurais pas pré-
« vues dans mes instructions je m'en réfère , Monsieur le
« colonel , à votre haute capacité et à votre dévouement.

« J'ai , etc. »

Ancône devenu la conquête de la France , le commandant
Gallois adressa à ses habitans la proclamation ci-après : « La
« maison d'Autriche poursuivant ses continuels projets d'a-
« grandissement vient d'étendre sur les légations un réseau

« de fer qui enchaîne la liberté de ses habitans et comprime
« jusqu'à leur pensée. Bientôt la Romagne ne sera qu'une
« annexe à ses vastes possessions d'Italie, dès lors votre
« cause est devenue la nôtre, c'est celle d'un peuple libre,
« sans licence, qui vient vous apporter les bienfaits de sa cons-
« titution ; vous connaissez les illustres souvenirs militaires
« et historiques qui nous lient à vous et qu'Ancône avait fixé
« la pensée d'un grand homme qui rêvait pour elle de
« hautes destinées en lui préparant le riche héritage de
« Venise régénérée ; réunissez-vous encore une fois à la
« grande famille française, dont vous fesiez partie au temps
« de nôtre gloire ; nous savons que vous n'avez pas cessé
« d'être grands et bons.

« Mais que cette cité fédérative, ne soit pas attristée par
« de cruels excès ni affligée de deuil pour personne, et que
« les vociférations des réactions vengeresses ne viennent pas
« se mêler à nos cris d'allégresse. Tolérans en politique
« comme en religion, laissez à chacun ses opinions et ses
« erreurs. Les maximes surannées qui ne sont plus de ce
« siècle finiront d'elles-mêmes par tomber en ruine comme
« les monumens qui leur sont contemporains ; mais point
« de violence à la pensée ; *liberté pour tous.*

« Que si jamais votre main se saisit d'une arme meur-
« trière que ce soit seulement contre les ennemis du dehors ;
« si vous deviez être placés dans cette alternative, songez
« que nous venons mourir avec vous ; nôtre gouvernement
« vous a placé sous sa protection ; aimez comme nous le
« roi citoyen ; la France a les yeux fixés sur votre avenir...»

Les habitans d'Ancône, frappés de stupeur à la merveil-
leuse apparition des Français dans leurs murs, n'opposèrent
aucune résistance, leur soumission fut complète ; il y eut
même un élan général d'enthousiasme, d'admiration et de
joie. Le soir toutes les maisons furent illuminées.

Mais les soldats de la citadelle se mirent sur la défensive ; ils fesaient bonne contenance.

Monsieur Gallois, qui avait déjà pris le commandement supérieur de la ville, leur adressa une proclamation en ces termes à la date du 23 février 1832.

« Soldats ! un vieux militaire ne cherchera jamais à vous
« suborner, ni à vous faire dévier du chemin de l'honneur,
« mais il est des circonstances si impérieuses qu'elles com-
« mandent les plus grands sacrifices ; la citadelle que vous
« défendez n'est suffisamment approvisionnée de munitions
« de guerre et de bouche ; nous le savons.... Vous vous
« comptez par centaines, nous sommes prés de quatre mille,
« si nous voulons nous adjoindre les équipages des vaisseaux !
« La lutte ne saurait être long-temps douteuse ; vous suc-
« comberez..... et vous succomberez, après avoir exas-
« péré l'esprit de nos soldats et avoir perdu par votre obsti-
« nation des droits à leur clémence ; réfléchissez donc et
« croyez bien que pendant quelques heures encore un ac-
« commodement est possible, plus tard vous l'espéreriez en
« vain... ! »

La citadelle d'Ancône ne tarda pas à faire sa soumission : sa garnison traitée avec les plus grands égards fit bientôt place à l'occupation de nos troupes.

Mais l'enlèvement si soudain de cette ville de guerre et par un coup de main si hardi joint au prestige du drapeau tricolore, allait devenir le signal d'un embrasement général en Italie. Le Saint Siége et les cabinets de l'Europe s'en émurent au plus haut degré ; ils publièrent des protestations énergiques contre cette grave violation du droit des gens. Le gouvernement français recula même devant les résultats d'un événement politique et militaire qui pouvait plonger les états

voisins dans une révolution de propagande et amener la con-
flagration d'une guerre générale.

Aussi le triomphe du capitaine Gallois , ne fut pas de longue
durée , il fut bientôt désavoué par le cabinet de Paris , dé-
monté de son commandement et rappelé en France dans un
état de complète disgrâce ; son retour y fut même recom-
mandé , sans pouvoir traverser les États pontificaux. La présence du vainqueur d'Ancône dans les villes du Saint Siége ,
était considérée comme un mobile d'émancipation du peuple
romain. Cependant comme cet officier supérieur n'avait pu
revenir à Toulon que par la route de Civita-Vecchia , son pas-
sage inattendu dans cette ville , et le séjour qu'il fut obligé
d'y faire produisirent encore une grande sensation dans l'esprit des habitans de la Romagne. Les négociations de notre
ambassadeur à Rome , pour l'arrangement des affaires d'Italie , en devinrent plus compliquées ; aussi ce fonctionnaire
diplomatique se trouva-t-il dans la nécessité d'envoyer un
député auprès de Monsieur Gallois , pour lui annoncer qu'un
séjour plus prolongé dans les États du Saint Siége pour-
rait avoir des conséquences fâcheuses pour le service du roi ,
qu'il ne devait pas en prendre la responsabilité , alors qu'on
lui offrait tous les moyens de lever les obstacles matériels qui
pourraient s'opposer à son retour immédiat en France.

Arrivé dans son pays le capitaine Gallois vécut pendant
long-temps dans la solitude et sur un pied de réserve diplomatique qui annonçait assez toute la disgrâce qu'il avait en-
courue auprès du gouvernement français.

Plus tard les préventions élevées contre lui s'étant dissipées
il fut appelé , en 1833 , au commandement de la station
d'Alger , où il rendit encore d'importants services à la marine
ainsi qu'au gouvernement de cette colonie.

Le 22 avril 1834 , il reçut la croix de Commandeur de
l'Ordre Royal de la Légion d'Honneur.

Comme il avait la légitime ambition de voir ses services distingués récompensés par le grade de contre-amiral, il ne balança pas de le solliciter dans les termes suivants, qu'il adressait le 4 avril 1835, au ministre de la marine.

« Confiant dans votre justice autant que dans la manière
« dont j'ai servi jusqu'à ce jour, invoquant les titres que
« doivent donner à l'avancement, 40 ans de services et quel-
« ques blessures reçues avec distinction, je puis me placer
« sur la ligne morale de mes compétiteurs au grade de contre-
« amiral.

« Si à présent vous voulez bien prendre en considération
« l'ensemble, les résultats et les dangers politiques pour moi
« de l'expédition d'Ancône, vous conviendrez, je l'espère,
« que mes rivaux ne s'offrent pas à ce concours avec autant
« d'avantages que moi.

« Je puis vous assurer, Monsieur l'amiral, que le corps
« de la marine et j'ose dire le pays douteraient de votre jus-
« tice, si vous ne proposiez pas pour l'avancement l'officier
« qui assumant sur lui toute la responsabilité d'une mesure
« toute nationale, n'a pas craint de risquer son grade, sa
« liberté individuelle, et peut-être sa vie, pour représenter
« avec énergie son gouvernement; qui n'a pas, il est vrai,
« avoué officiellement tout ce qui a été fait dans cette mis-
« sion, mais qui a donné tacitement son approbation aux
« mesures prises, en conservant jusqu'à ce jour la position
« dans laquelle je l'avais placé de *mon propre mouvement.* »

Monsieur l'amiral Duperré, fit par ordonnance royale du 22 janvier 1836, élever au grade de contre-amiral le brave capitaine Gallois.

Le 23 février suivant il fut nommé à la place de major-général de la marine au port de Toulon.

En mai 1837 . il fut investi d'un commandement de l'escadre du Levant et quoique très souffrant alors et gravement malade il fit encore abnégation de sa santé et de sa vie , pour s'exposer à de nouveaux dangers à la mer ; l'on n'a pas oublié que dans cette campagne , chargé de surveiller les mouvemens d'une flotte Turque se dirigeant sur Tunis , il y déploya une grande habileté pour la serrer de près et ne pas la laisser échapper à ses incessantes investigations.

Le contre-amiral Gallois rentra à Toulon vers la fin de 1838 , sur le vaisseau le *Triton* , toujours atteint de la même maladie qui a mis fin à ses jours le 4 avril 1840 , à Montpellier.

Ainsi s'est terminée la carrière maritime et militaire de cet officier-général distingué : dans nos fastes historiques on fera toujours l'éloge de l'énergique résolution , du hardi débarquement , de l'escalade audacieuse et de l'enlèvement prodigieux de la place d'Ancône ; le *sans coup férir* d'un tel succès le rend encore plus brillant , alors qu'il était si difficile de l'obtenir , qu'il était l'œuvre de son propre mouvement et qu'il en avait assumé sur lui toute l'immense responsabilité.

Le Manuscrit et les Pièces a l'appui sont déposés chez M. C. MARTIN , Place au Foin , N° 14 , A TOULON.